Inhalt

In-Memory-Computing - Unternehmen bereiten sich auf Quantensprung in Sachen Datenverarbeitung vor

Kernthesen

Beitrag

Fallbeispiele

Weiterführende Literatur

Impressum

In-Memory-Computing - Unternehmen bereiten sich auf Quantensprung in Sachen Datenverarbeitung vor

Harald Reil

Kernthesen

- In-Memory-Computing-Lösungen verarbeiten Daten bis zu 100 000 Mal schneller als ihre festplattenbasierten Pendants.
- Die raschere Auswertung von Informationen wird sich positiv auf Serviceleistungen, Planungen und Prognosen auswirken.
- Vom Handel bis zu Finanzinstituten, von

der Forschung bis zum Sport ist das Interesse an der neuen Technologie riesig.
- In diesem Jahr wird sich allerdings nicht viel tun. In-Memory-Computing ist noch so neu, dass die Unternehmen erst den Markt sondieren wollen.

Beitrag

In-Memory-Lösungen: Schnelligkeit + Effizienz = mehr Geld

In-Memory-Computing (IMC) heißt der nächste große Schritt in der Datenanalyse. Anders als bei herkömmlichen Informations-Managementsystemen, die mit der Festplatte eines Computers arbeiten, nutzt IMC seinen Arbeitsspeicher. Der Vorteil: Daten lassen sich viel schneller auswerten - in unserer Informationsgesellschaft, in der raschere Reaktionszeiten gleichbedeutend mit mehr Umsatz und ergo einem höheren Gewinn sind, ist das ein unschätzbarer Vorteil. Größere Schnelligkeit beschreibt den Vorteil von In-Memory-Lösungen zwar adäquat, dennoch lohnt es sich, einen noch genaueren Blick sozusagen hinter die Kulisse dieses

Begriffs zu werfen. Erst so wird deutlich, warum Experten diese neuen Technologie als Quantensprung in der Informationsverarbeitung bezeichnen.

Da IMC-Lösungen Datenanalysen bis zu 100 000 Mal schneller als ihre festplattenbasierten Pendants und damit praktisch in Echtzeit liefern, können Mitarbeiter sofort reagieren. Das führt zum Beispiel zu einer besseren Kunden- und Partnerbetreuung, einer Optimierung von Logistikprozessen und verlässlicheren Prognosen - immer vorausgesetzt natürlich, die Anwender stellen auch die richtigen Fragen an die Daten. Experten gehen daher davon aus, dass In-Memory-Computing vom Handel über das Bankwesen bis hin zur Krebsforschung die Wirtschaft und Institutionen in den kommenden Jahren nachhaltig prägen wird. Vor allem bei der Verarbeitung großer Datenmengen - den sogenannten Big Data - versprechen In-Memory-Lösungen einen klaren Effizienzvorteil. Es ist also kein Wunder, dass Unternehmen der verschiedensten Branchen mit In-Memory-Computing liebäugeln, ohne jedoch bisher schon den entscheidenden Schritt zur Umstellung ihrer IT-Infrastruktur getan zu haben. (1), (2), (5), (9)

Unternehmen sondieren noch den Markt

Der Grund für das Zögern ist die relative Neuheit der Technologie. IT-Experten sondieren noch immer den Markt, um die für ihr Haus beste Lösung zu finden. Dass bis dahin nicht mehr viel Zeit ins Land gehen wird, zeigt zum Beispiel die Nachfrage an der In-Memory-Lösung "Hana Enterprise Cloud" von SAP. Nach Angaben des Konzerns habe das Interesse an der cloudbasierten Applikation die eigenen Erwartungen bei Weitem übertroffen. Wenn dies ein Indikator für die Entwicklung des In-Memory-Markts im Allgemeinen ist, dann brechen für die Anbieter dieses neuartigen Datenbankmanagement-Systems goldene Zeiten an. (3)

Nachteile von In-Memory-Computing

Wenn auch Großkonzerne kaum Probleme damit haben werden, die Kosten für die neue Technologie zu stemmen, so werden kleine und mittlere Unternehmen (KMU) von der neuen Entwicklung noch nicht profitieren können: Die Umstellung auf In-Memory-Computing-Lösungen ist ganz einfach zu teuer. Ein weiterer Nachteil: Daten lassen sich mit In-Memory-Computing zwar in rasender Geschwindigkeit auswerten, doch ist bei sechs bis acht Terabyte meistens Schluss. Das ist zwar schon eine beachtliche Menge, aber es gibt Firmen, die mit noch größeren Datenvolumen arbeiten. Für sie sind Hadoop-Cluster noch immer die bessere Lösung. (4)

Trends

In-Memory-Computing wird sich auf breiter Front durchsetzen

Es steht außer Frage, dass sich In-Memory-Computing auf breiter Front durchsetzen wird. Zu groß sind die Vorteile, die eine schnellere Datenanalyse bietet. Auch wenn sich dieses Jahr noch nicht viel tut, da die IT-Experten der Unternehmens sich erst einmal einen Überblick über die verschiedenen Angebote verschaffen wollen, ist es nur noch eine Frage der Zeit, bis die Umstellung der IT-Infrastruktur Fahrt aufnehmen wird - und zwar quer durch alle Branchen, die auf die Auswertung großer Datenmengen angewiesen sind. Marktforscher von Gartner gehen daher davon aus, dass bereits im Jahr 2015 dreimal so viel Unternehmen wie heute mit In-Memory-Computing-Lösungen arbeiten werden. (1), (3)

Fallbeispiele

SAP will mit Hana Enterprise Cloud große Kasse machen

SAP will mit Hana Enterprise Cloud (HEC) - der Sammelname für ein ganzes Bündel von cloudbasierten In-Memory-Applikationen - große Kasse machen. Bis 2015 sollen unter anderem mit ihrer Hilfe die Umsatzmarke von 20 Milliarden Euro geknackt werden. Sollte der Softwareriese daran scheitern, wird es wohl kaum an HEC liegen. Vishal Sikka, SAPs Technologie-Vorstand, hat vor wenigen Wochen zufrieden festgestellt, dass die Nachfrage nach HEC-Produkten die eigenen Erwartungen weit übertroffen habe und viermal so hoch gewesen sei wie angenommen. Schon vor dem offiziellen Launch hatten sich rund 60 Unternehmen für Hana Enterprise Cloud interessiert. (3)

Vielfalt von Anwendungsmöglichkeiten

Mit der leistungsstarken In-Memory-Technologie hantieren mittlerweile schon die verschiedensten Branchen. Die Einsatzmöglichkeiten sind dabei so unterschiedlich wie die Anwender selbst. Der Deutsche Fußball Bund (DFB) will mit ihrer Hilfe beispielsweise die Kommunikation mit den Fans optimieren; die Huffington Post, eine Online-Zeitung, die mit dem renommierten Pulitzer-Preis ausgezeichnet wurde, testet die Wirkung ihrer Headlines in Echtzeit. Mehr Resonanz bei bestimmten Überschriften ist dabei aber nicht nur ein Indikator für ein erhöhtes Leserinteresse, sondern sie steigert auch die Attraktivität der Zeitung für Werbekunden. (5)

Branchenkompass 2012: Geldinstitute haben bei In-Memory-Computing Nachholbedarf

Banken gehören zu den Branchen, die auf eine schnelle Analyse von Daten besonders angewiesen sind. Alle Neuerungen um Big Data sind bei ihnen daher ein großes Thema - zumindest theoretisch. Denn faktisch sieht die Lage ganz anders aus. Noch hat die Finanzbranche in Sachen Big-Data-Auswertung großen Nachholbedarf. Die Installation von In-Memory-Computing-Lösungen sind da keine Ausnahme. Immerhin wollen einer Studie zufolge bereits 37 Prozent der befragten Banken in Zukunft mithilfe von In-Memory-Computing ihre riesigen Datenmengen analysieren, um ihre Produkte und

Services noch besser vermarkten zu können. Verantwortet hat die Untersuchung rund um Big Data, in der auch dieses Ergebnis zu finden ist, die Beratungsgesellschaft Steria Mummert Consulting. Der Name der Veröffentlichung: "Branchenkompass 2012 Kreditinstitute". (6), (7)

Project Kraken: HP und SAP entwickeln leistungsstarke In-Memory-Computing-Lösung

Der Technologiekonzern HP arbeitet zurzeit intensiv mit dem Softwareproduzenten SAP zusammen, um eine In-Memory-Computing-Lösung zu entwickeln, die nach Aussagen der Verantwortlichen den Markt für Datenbanken grundlegend und auf Dauer verändern wird. Die unter dem Namen "Project Kraken" bekannt gewordene Gemeinschaftsarbeit nutzt HPs Server-Expertise und verschmilzt diese mit SAPs In-Memory-Datenbank HANA zu einem leistungsstarken Datenbankmanagementsystem, das für die Verarbeitung von Big Data geradezu prädestiniert ist. In Zukunft soll es Unternehmen zum Beispiel beim Customer Relationship Management (CRM) oder der Enterprise Resource Planning (ERP) mit noch schnelleren Datenanalysen unterstützen. (8)

Coole Firma: Gartner erteilt Jedox AG den Ritterschlag

Die Jedox AG, eine Firma, die sich auf Business Intelligence- und Performance-Management-Lösungen spezialisiert hat, ist von der Gartner Inc. vor kurzem geadelt worden. Die IT-Marktforscher haben das in Freiburg ansässige Unternehmen auf Grundlage ihrer In-Memory-Lösung, die auf Excel aufbaut, mit dem Epithet "Cool Vendor" belegt. Anders als andere Unternehmen, die zwar mit diesem Microsoft-Tool arbeiten, es aber nicht sonderlich wertschätzen, hat Jedox den Anspruch, Excel zum besten Business-Intelligence-Instrument zu machen, das es auf dem Markt gibt. Die Jedox-Fachleute haben, um dieses Ziel zu erreichen, Excel nicht nur aufgepeppt, sondern auch mit einem Turbomotor ausgestattet. Die In-Memory-Technologie macht das altbewährte Tool damit zu einem leistungsstarken und superschnellen Vorreiter in Sachen Business Intelligence. (10)

Weiterführende Literatur

(1) CW-Kommentar Die Revolution findet noch nicht statt
aus Computerwoche, 14.01.2013, Nr. 03

(2) Business Software Im Temporausch
aus Handelszeitung Nr. 19 vom 08.05.2013 Seite 55

(3) SAP verknüpft die Zauberwörter Softwarekonzern bietet "In-Memory" aus der Rechnerwolke - Bereits 29 Millionen Nutzer in der Cloud
aus Börsen-Zeitung, 16.05.2013, Nummer 92, Seite 12

(4) Datenlawinen richtig managen
aus tecChannel.de Online, Meldung vom 03.05.2013

(5) Analytik als Heilsbringer
aus Frankfurter Allgemeine Zeitung, 21.06.2013, Nr. 141, S. V4

(6) Bankenbranche profitiert von Quantensprung bei Datenbanktechnologien
aus ddp direct Pressemitteilung vom 06.03.2013, 12:12:03

(7) Big Data – Fluch und Segen zugleich
aus Die Bank, Heft 07/2013, S. 62-64

(8) "Odyssey" neigt sich dem Ende zu
aus "it&t-business" Nr. 06/2013 vom 07.06.2013 Seite: 14

(9) Big Data schafft Durchblick in der Datenflut Die Analyse von großen Informationsmengen birgt viele Chancen, aber auch einige Herausforderungen - Big Brother lauert um die Ecke
aus Börsen-Zeitung, 29.03.2013, Nummer 62, Seite 19

(10) Jedox: GPU-Computing beschleunigt BI
aus "Computerwelt" Nr. 13/2013 vom 21.06.2013

Impressum

In-Memory-Computing - Unternehmen bereiten sich auf Quantensprung in Sachen Datenverarbeitung vor

Bibliografische Information der deutschen Nationalbibliothek

Die Deutsche Nationalbibliothek verzeichnet diese Publikation in der deutschen Nationalbibliografie; detaillierte bibliografische Daten sind im Internet über http://dnb.d-nb.de abrufbar.

ISBN: 978-3-7379-0402-5

© 2015 GBI-Genios Deutsche Wirtschaftsdatenbank GmbH, Freischützstraße 96, 81927 München, www.genios.de

Alle Rechte vorbehalten. Dieses Werk ist einschließlich aller seiner Teile – z.B. Texte, Tabellen und Grafiken - urheberrechtlich geschützt. Jede Verwertung außerhalb der Grenzen des Urheberrechtsgesetzes bedarf der vorherigen Zustimmung des Verlags. Dies gilt insbesondere auch für auszugsweise Nachdrucke, fotomechanische Vervielfältigungen (Fotokopie/Mikroskopie), Übersetzungen, Auswertungen durch Datenbanken oder ähnliche Einrichtungen und die Einspeicherung und Verarbeitung in elektronischen Systemen.